Sprüche fürs Poesiealbum

Mit Stickern. Einfach abziehen und einkleben

Gesammelt und herausgegeben von
Beate Volmari

SÜDWEST

Inhalt

Zur ewigen Erinnerung

Poesiealben sind trendy – und das bereits seit über 500 Jahren. Auch die Freundschaftsbücher mit vorgedruckten Eintragungen können sie nicht verdrängen. Vor allem in der Schule werden Poesiealben herumgereicht. Meist sind es Mädchen, die im Laufe der Grundschulzeit solch ein kleines Buch geschenkt bekommen. Eltern, Freundinnen, Mitschüler, Lehrer und Verwandte tragen sich hier zur Erinnerung ein.

Als die ersten Poesiealben aufkamen, hießen sie noch Stammbücher. Damals waren es übrigens nicht die jungen Mädchen, die sich mit einem Sprüchlein verewigten. Vielmehr stellten die Alben bis zum Ende des 18. Jahrhunderts eine reine Männersache dar. Das könnt ihr Mädchen den Jungen ruhig mal unter die Nase reiben, wenn sie euer Poesiealbum mit einem verächtlichen »Weiberkram« abtun.

Wer kennt sie nicht, die Qual der Wahl: Welcher Reim ist nun der richtige? Unser Büchlein bietet dir eine große Auswahl von alten, neuen, schlauen, lieben und frechen Versen. Viel Spaß beim Lesen und Schreiben!

Im 19. Jahrhundert wurden Poesiealben feierlich »Denkmal der Freundschaft« genannt. Das hört sich heute zwar ein bisschen geschwollen an, trifft aber im Grunde die Sache im Kern. Poesiealben sollen eine bleibende Erinnerung an diejenigen sein, die einen Vers hineingeschrieben und eine Seite ganz allein für den Albumbesitzer gestaltet haben, sie sollen eben der Freundschaft ein Denkmal setzen.

Besonders schön ist es natürlich, wenn du einen Spruch schreibst, der dir aus dem Herzen spricht. Und genau den zu finden, bereitet den meisten Kopfzerbrechen.
In der Not wird hektisch Mutters altes Poesiealbum hervorgekramt und ein Sprüchlein abgeschrieben. So kommt es auch, dass sich die meisten Verse über Generationen erhalten haben. Da heißt es heute wie zu Großmutters Zeiten »Rosen, Tulpen, Nelken, alle drei verwelken …«

In diesem Büchlein findest du eine Vielzahl altbekannter Sprüche neben einer feinen Auswahl neuer, frecher Verse. Darüber hinaus soll es dir aber auch als Ideenschatz für eigene Reim-

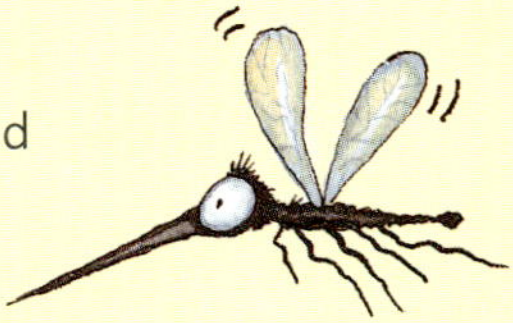

versuche dienen. Nur Mut! Was wäre schöner für jemanden, den du lieb hast, als ein Verslein, das genau für ihn gedacht und erfunden worden ist? Lass dich von unserer Reimauswahl anregen, eigene Ideen kommen dann von ganz allein …

Ein Poesiealbum bleibt ein Leben lang ein kostbarer, gehüteter Schatz. Zwar kann es durchaus einmal ein paar Jahre unbeachtet in einer Ecke liegen und einstauben. Wenn es dir beim Stöbern aber einmal wieder unverhofft in die Hände fällt, werden längst vergessene Erinnerungen wach. Du erinnerst dich an alte Freundinnen und Lehrer, an die du schon lange nicht mehr gedacht hast. Und manch ein Spruch wird dir doch ein Lächeln entlocken. So ging es mir beim Lesen meines fast 30 Jahre alten Poesiealbums. Da steht der Spruch »Fleißig und bescheiden sein, kostet nichts und bringt viel ein. Zur Erinnerung an Birgit.« War Birgit nicht die großspurige Angeberin, die immer nur abschreiben wollte und nie was selbst gemacht hat?

In die freien Felder jeweils am Ende eines Kapitels kannst du eigene und gesammelte Verse und Gedichte, die dir besonders gut gefallen, hineinschreiben.

Und Bettina, die, wie ich hörte, kürzlich aus der Kirche ausgetreten ist, schrieb: »Mit Gott fang an, / mit Gott hör auf, / das ist der schönste Lebenslauf.« Ganz warm ums Herz wird mir hingegen, wenn ich die mit Herzen verzierte Seite meiner besten Freundin aus Grundschultagen sehe: »Zwei Körbchen voll Rosen, / zwei Täubchen dazu, / die müssen sich trennen, / wie ich und du.« Genauso ist es gekommen, Elvira. Wer allerdings Jutta war, kann ich mir kaum noch vorstellen. Aber egal, ihr Vers gefällt mir trotzdem und das glitzernde Glanzbild besonders.

Humor ist alles

Hier ein kleiner Tipp für dich, wenn dir ein Fehler beim Eintrag unterlaufen ist oder du versehentlich einen Klecks ins Buch gemacht hast: Reiß bitte die Seite nicht heraus, es könnten sich dadurch auch andere Seiten lösen. Vielleicht kannst du den Fehler mit einem Bild überkleben oder du schreibst einfach dazu, dass dies nun einmal passiert ist und man diese Verunzierung am besten mit Humor nimmt.

Verse für die erste Seite

Einen der folgenden Sprüche kannst du als Besitzerin auf die erste Seite deines neuen Albums schreiben. Such aus, was am besten zu dir passt.

Wenn sich die Sprüche widersprechen,
ist's eine Tugend und kein Verbrechen.
Du lernst nur wieder von Blatt zu Blatt,
dass jedes Ding zwei Seiten hat.
Paul Heyse

Komm, schreib auf Papier
einen Gruß von dir.
Dann steht er hier,
ein schönes Geschenk von dir.

Ins Album schreib ich gern hinein,
weil ich nicht will vergessen sein.
Doch lieber möchte ich in deinem Herzen stehn,
das Album könnt verloren gehn.

Um mein Album einzuweihn
möchte ich die Erste sein,
schreib dann du 'nen schönen Spruch,
in mein lieb Erinnerungsbuch.

Liebe Freunde, ihr könnt's wagen,
mir ein Sprüchlein aufzusagen.
Ob cool, ob brav, ob alt, ob neu,
das ist egal, bleibt euch nur treu.

Manchen edlen Blumensamen
streut man in ein Gartenbeet,
schöne Sprüche, liebe Namen
werden in dies Buch gesät.

Gedanken sind nicht stets parat,
man schreibt auch, wenn man keine hat.
Neue Gedanken sind nicht häufig,
sag uns die alten nur geläufig.
Wilhelm Busch

Wer in dieses Büchlein schreibt,
den bitte ich um Sauberkeit.
Und reißt du mir ein Blatt hinaus,
so ist die Freundschaft mit uns aus.
Aus einem Poesiealbum 1966

Nicht jedem macht es Spaß zu schreiben,
doch bitt ich dich, lass es nicht bleiben,
denn wer in dieses Büchlein schrieb,
den habe ich für immer lieb.

Aus einem Poesiealbum 1995

Die Tinte macht uns wohl gelehrt,
doch ärgert sie, wo sie nicht hingehört.
Geschrieben Wort ist Perlen gleich,
ein Tintenk ecks ein böser Streich.

Johann Wolfgang von Goethe

Ich lag im Garten und schlief,
da kam ein Vogel und rief:
»(Namen einsetzen), du sollst dich beeilen,
um (Name des Albumbesitzers) ins Album zu schreiben.«

Platz für eigene oder gesammelte Verse

Vergiss mein nicht!

Eine große Rolle spielen seit jeher die Verse, die ewige Erinnerung an den Schreiber/die Schreiberin heraufbeschwören. Und diese Sprüche rund ums »Vergissmeinnicht« werden mit Inbrunst und voller Überzeugung niedergeschrieben. Oder kannst du dir heute vorstellen, deine beste Freundin jemals zu vergessen?

Rosen, Tulpen, Nelken,
alle drei verwelken.
Nur das eine Blümlein nicht
und das heißt Vergissmeinnicht.
Aus einem Poesiealbum 1929

Die Rose riecht,
die Dorne sticht,
die Liebe spricht
Vergissmeinnicht!
Aus einem Poesiealbum 1932

Was ich dir wünsch,
das weiß ich schon:
Flieg hoch mit einem Luftballon
ins Glück – und zu mir zurück.

Freundlich räumst du mir ein Plätzchen
hier in diesem Album ein,
mög ich auch in deinem Herzen
niemals ganz vergessen sein.
Aus einem Poesiealbum 1951

Heut sind wir noch jung an Jahren,
doch die Zeit eilt wie der Wind.
Ob wir wohl mit weißen Haaren
noch wie heute Freunde sind?
Aus einem Poesiealbum 1999

Wenn du einst als Großmama
im Lehnstuhl sitzt bei Großpapa,
dann denke noch in deinem Glück
an deine Freundin (Namen einsetzen) zurück.
Aus einem Poesiealbum 1969

Hinter einem Eisengitter,
liegt ein Herz, das weint so bitter,
heb es auf, dass es nicht bricht,
denn es heißt Vergissmeinnicht.
Aus einem Poesiealbum 1930

Trennen uns einst ferne Orte,
so behalte dennoch lieb,
deren Hand dir diese Worte
auf dies Blättchen niederschrieb.
Aus einem Poesiealbum 1973

Wenn du einst im Morgentau
gehst durch eine grüne Au,
siehst du ein Vergissmeinnicht,
brich es ab und denk an mich.
Aus einem Poesiealbum 1969

Wenn die zarten Regentropfen,
leise an dein Fenster klopfen,
fragst du dich, wer denkt an mich,
liebe(r) (Namen einsetzen), das bin ich.
Aus einem Poesiealbum 1971

Unsere Freundschaft, die soll brennen
wie ein dickes Kerzenlicht.
Freunde wollen wir uns nennen,
bis der Mops Französisch spricht.

Seifenblase, rohes Ei,
gehen, ach, so schnell entzwei.
Aber unsre Freundschaft hält,
bis die Welt in Stücke fällt.
Aus einem Poesiealbum 1985

Ins Album schreib ich gern hinein,
weil ich nicht mag vergessen sein.
Möcht lieber doch im Herzen stehn,
denn's Album könnt verloren gehn.
Aus einem Poesiealbum 1981

Wenn ich bin in Afrika,
zwischen Speck und Paprika,
wenn mich dann die Löwen fressen,
erst dann will ich dich vergessen.

Liebe Freundin! Ich ersuche,
bitte und beschwöre dich:
Liesest du in diesem Buche
und du kommst an diese Seite,
ach, so mache mir die Freude
und erinnere dich an mich.
Wilhelm Busch

Mäusen, Würmern, Spinnen,
kannst du nicht entrinnen,
solltest du mich je vergessen,
werden sie dich sicher fressen.
Aus einem Poesiealbum 1975

Sei gut wie ein Engel,
dann hat man dich lieb.
Vergiss nie den Bengel,
der dieses dir schrieb.
Aus einem Poesiealbum 1975

Zwei Tauben im Garten,
sie sitzen und warten.
Sie warten auf dich, liebe (Namen einsetzen),
vergiss mein nicht.

Nicht wie Rosen, nicht wie Nelken,
die heut blühn und morgen welken,
sondern wie das Immergrün,
so soll unsre Freundschaft blühn.
Aus einem Poesiealbum 1978

Platz für eigene oder gesammelte Verse

Es ist schön, ein Kind zu sein

In vielen Sprüchen werden schöne Erinnerungen an Kindheit und Schulzeit heraufbeschworen. Vermutlich haben sie Erwachsene gedichtet, als sie wehmütig an ihre eigene Jugendzeit zurückdachten.

Gedenke deiner Schulzeit Jahre,
gedenke deiner Schulzeit Glück,
es sind die allerschönsten Jahre,
sie kehren nimmermehr zurück.
Aus einem Poesiealbum 1979

Bist du erst groß,
dann siehst du ein,
wie schön es war,
ein Kind zu sein.
Aus einem Poesiealbum 1999

Wenn der Kindheit frohe Tage
hinter dir einst liegen weit,
dann wird dir dein Album sagen:
Schön war unsere Jugendzeit.
Aus einem Poesiealbum 1969

Wenn du einst nach vielen Jahren
dieses Album nimmst zur Hand,
denk daran wie froh wir waren
in der kleinen Schülerbank.
Aus einem Poesiealbum 1969

Kindheitstage sind Sonnenglanz,
sie entfliehen im Spiel.
Dann verlangt dich das Leben ganz,
strebe tapfer zum Ziel.

Wenn du einst in spät'ren Jahren
dieses Büchlein wirst durchlesen,
denk daran, wie jung wir waren
und wir Kinder sind gewesen,
als wir noch mit heit'rem Sinn
gingen nach der Schule hin.

Aus einem Poesiealbum 1979

Nicht nur wünsche ich dir Sonnenschein,
auch Stürme gehören ins Leben hinein.
Doch bewahre im Glück und im Schmerz
den Schatz deiner Jugend: ein kindlich Herz.

Nütze der Jugend schönste Stunden,
sie wissen nichts von Wiederkehr,
einmal entflohen, einmal entschwunden,
zurück kehrt keine Jugend mehr.

Aus einem Poesiealbum 1973

Rechnen, lesen, Aufsatz schreiben,
in der Schule sitzen bleiben,
viel Unsinn haben wir gemacht,
trotzdem haben wir gelacht.

Aus einem Poesiealbum 1996

Platz für eigene oder gesammelte Verse

Für die beste Freundin

Besonders der besten Freundin oder dem besten Freund möchtest du natürlich deine Freundschaft und Treue versichern. Das Bedürfnis hatten schon deine Mutter und deine Großmutter. Du kannst aus einer Reihe rührender oder lustiger Verse den passenden auswählen.

Zwei Tauben am Dache,
die liebe ich so sehr,
und dich, liebste Freundin,
dich lieb ich noch mehr.
Aus einem Poesiealbum 1977

Der Bär lebt in Sibirien,
in Afrika, da haust das Gnu,
das schwarze Schwein lebt auf Sizilien,
in meinem Herzen haust nur du.
Aus einem Poesiealbum 1978

Immer wenn ich an dich denke
wackeln alle Stühl und Bänke,
selbst das alte Kanapee
hüpft vor Freude in die Höh.
Aus einem Poesiealbum 1975

Nicht schön ist's geschrieben,
doch gut ist's gemeint,
die Hand hat gezittert,
das Auge geweint.
Aus einem Poesiealbum 1971

Wo du bist und wo ich sei,
ferneweg und nahebei –
überall und auch indessen
werd ich deiner nicht vergessen.
Dein gedenk ich still erfreut,
selbsten in der Einsamkeit;
ja, im dicksten Publikum
schwebt mein Geist um dich herum.
Wilhelm Busch

Zwei Körbchen voll Rosen,
zwei Täubchen dazu,
die müssen sich trennen
wie ich und du.
Aus einem Poesiealbum 1959

Lass Blumen welken, lass Jugend verblühn,
doch unsere Freundschaft bleibt immer grün.
Aus einem Poesiealbum 1977

Der Schlüssel zu den Herzen
der Menschen
wird nie unsere Klugheit,
sondern immer unsere Liebe sein.

Was wär ein Apfel ohne -sine,
was wären Häute ohne Schleim,
was wär die Vita ohne -mine,
was wärn Gedichte ohne Reim?
Was wär das E ohne die -lipse,
was wär veränder ohne -lich,
was wär ein Kragen ohne Schlipse,
und was wär ich bloß ohne dich?
Heinz Erhardt

In meinem Zimmer rußt der Ofen,
in meinem Herzen ruhst nur du.
Aus einem Poesiealbum 1994

So wie der Glanz der Sterne,
so blühe stets dein Glück,
denk auch in weiter Ferne
recht oft an mich zurück.

Neue Freunde zu erhalten,
breche niemals mit den alten.

Vor zehn Jahren kamst du auf die Welt,
kamst geschwommen wie ein Hecht,
hattest Beine wie ein Specht.
Machtest deine Windeln voll,
warst so munter und so toll.
Ich liebe dich, du schönes Wesen,
wie 'nen alten Kuhstallbesen.
Aus einem Poesiealbum 1980

Ich lag im Garten und schlief,
da kam ein Englein und rief,
(Namen einsetzen), du sollst dich beeilen
und deiner Freundin ins Album schreiben.
Aus einem Poesiealbum 1970

Meine Finger sind die Federn,
meine Wange das Papier,
meine Tränen sind die Tinte,
wenn ich schreiben will an dir.
Aus einem Poesiealbum 1976

Viele gute, liebe, treue
Freunde hast du sicherlich
und gewinnst dir täglich neue,
doch dein bester Freund bin ich.

Jeden Tag zur Schule gehn
find ich manchmal gar nicht schön.
Nur, dass wir uns wiedersehn,
lässt mich trotzdem täglich gehn.
Aus einem Poesiealbum 1980

Felsen können wanken,
Schiffe untergehen;
treulos dich verlassen,
das wird nie geschehen.

Wenn die Flüsse aufwärts fließen
und die Hasen Jäger schießen,
wenn die Mäuse Katzen fressen,
dann erst will ich dich vergessen.
Aus einem Poesiealbum 1973

Platz für eigene oder gesammelte Verse

Für Mädchen, die sich nichts vormachen lassen

Gehörst du zu den Mädchen, die über »sittsame Veilchen« und »rosengezierte Wege« nur lachen können? Dann findest du vielleicht in diesem Kapitel den richtigen Vers. Hier werden nicht alte Frauentugenden wieder belebt, sondern die Mädchen zu Selbstbewusstsein und Unabhängigkeit aufgefordert.

Nichts ist so elend als ein Mann,
der alles will und gar nichts kann.
Matthias Claudius

Morgens geht die Sonne auf,
und der Tag nimmt seinen Lauf.
Ist er manchmal nicht so heiter,
immer geht das Leben weiter,
wirst du mutig nur dich regen,
kannst auch du die Welt bewegen.

Sei tapfer und fröhlich und zweifle nicht,
lass dich nicht unterkriegen,
und wenn dir fast das Herze bricht,
du wirst die Welt besiegen.

Immer heiter sei dein Leben,
doch vergiss das eine nicht,
auch wir Mädchen müssen streben,
nicht nur putzen, kochen, weben,
lernen ist auch unsre Pflicht.
Denn wir können viel gestalten,
können rechnen und verwalten,
wir sind gute Diplomaten,
können führen und beraten,
bitte denke immer dran,
du bist so klug wie jeder Mann.
Rotraud Bohlmann

Wenn dir dumme Kerls begegnen
schrecke ängstlich nicht zurück.
Denk, der Himmel will dich segnen:
Schafe, heißt's, bedeuten Glück!
Aus einem Poesiealbum 1979

Eines liegt doch auf der Hand:
Neue Jungen braucht das Land!

Du musst viele Frösche küssen,
bevor du einen Märchenprinzen findest.

Liebe (Namen einsetzen), sei so schlau,
werde niemals Ehefrau.
Vor der Ehe kriegst du Rosen,
in der Ehe stopfst du Hosen.
Aus einem Poesiealbum 1980

Eltern lieben, Eltern ehren,
(Namen einsetzen), das ist deine Pflicht!
Doch manchmal musst du dich auch wehren,
nur gehorchen soll man nicht.
Aus einem Poesiealbum 1975

Bescheidenheit ist eine Zier,
doch weiter kommt man ohne ihr.

Sei tapfer und fröhlich, sei fleißig und klug,
dann gibt es wohl Möglichkeiten genug.
So trittst du mutig ins Leben ein,
brauchst nicht nur brave Hausfrau zu sein,
erobern kannst du dir die Welt
auf einen führenden Posten gestellt.

Ein freundlich Gesicht und ein fröhlicher Sinn,
das steht einem Mädchen wohl an,
und bist du noch clever und mutig dazu,
so stehst du gewiss deinen Mann.
Aus einem Poesiealbum 2000

Platz für eigene oder gesammelte Verse

Lass den Kopf nicht hängen!

Das Leben ist nicht immer nur rosig, das wissen auch schon Kinder. Deshalb gehören Sprüche, die Mut machen und aufmuntern sollen, zum festen Repertoire aller Poesiealben. Denn auf jeden Regen folgt auch wieder Sonnenschein.

Lass den Mut nie sinken,
wenn auch der Himmel grau,
zwischen dunklen Wolken
wird es wieder blau.
Aus einem Poesiealbum 1979

Nicht immer gibt es Sonnenschein,
es muss auch manchmal regnen!
Drum hüte dich, verzagt zu sein,
sollt dir ein Leid begegnen.
Aus einem Poesiealbum 1978

Wenn dir ein Fels vom Herzen fällt,
so fällt er auf den Fuß dir prompt!
So ist es nun mal auf der Welt:
Ein Kummer geht, ein Kummer kommt.
Heinz Erhardt

Sonne, Mond und Sterne
sollen für dich scheinen,
nur beim Zwiebelschneiden
sollst du Tränen weinen.

Und geht dir manchmal etwas quer
und hast du nicht immer Glück,
nimm dir die Quetschkommode her
und spiele dir ein Stück.

Geht dir mal im Leben
irgendwas daneben,
bleibe trotzdem heiter,
irgendwie geht's weiter.
Aus einem Poesiealbum 1977

Mathe, Deutsch, Physik, Chemie,
mancher denkt, er lernt es nie!
Aber mancher, der das dachte,
später noch Karriere machte!

Gibt dir das Leben einen Knuff,
so weine keine Träne.
Lach dir 'nen Ast und setz dir druff,
und baumle mit de Beene.
Aus einem Poesiealbum 1980

Mit Lachen kommst du durch die Welt,
mit Weinen, da ist's schlecht bestellt,
denn aller Weisheit gold'nes Tor,
das ist gepflastert mit Humor.
Aus einem Poesiealbum 1979

Wenn es dir übel geht,
nimm es für gut nur immer;
wenn du es übel nimmst,
so geht es dir noch schlimmer.
Friedrich Rückert

Wenn dich die Lästerzunge sticht,
so lass es dir im Troste sagen:
Die schlecht'sten Früchte sind es nicht,
woran die Wespen nagen.
Gottfried August Bürger

Geht's traurig einmal – klage nicht,
kommt's Unglück groß – verzage nicht.
Präg dir das kleine Sprichwort ein:
Auf Regen folgt stets Sonnenschein.
Aus einem Poesiealbum 1978

Platz für eigene oder gesammelte Verse

Gute Wünsche

Die Themen der Poesiealbumverse haben sich im Laufe der Jahre wenig verändert. Ein großer Teil besteht immer noch aus vielen guten Wünschen. Ob Glück, reiche Tanten oder ein Haus aus Zucker, das Beste ist für die Poesiealbumbesitzer gerade gut genug.

Ich habe drei Wünsche, die sind zwar klein,
doch passen sie hübsch in dein Album hinein.
Fürs Erste: Sei frisch, gesund und munter!
Fürs Zweite: Komm in der Schule nicht runter!
Fürs Dritte: Vergiss deine Freundin nicht,
sonst macht sie dir immer ein böses Gesicht.
Aus einem Poesiealbum 1978

Auf einsamer Mauer
wächst grünendes Moos,
ich wünsch dir, (Namen einsetzen),
ein glückliches Los.
Aus einem Poesiealbum 1969

Ein Häuschen aus Zucker,
aus Zimt sei die Tür,
der Riegel aus Bratwurst,
das wünsche ich dir.
Aus einem Poesiealbum 1977

So viele Dornen ein Rosenstock,
so viele Haare ein Ziegenbock,
so viele Flöhe ein Pudelhund,
so viele Jahre bleib gesund.
Aus einem Poesiealbum 1975

Sei ein Sonnenkind im Leben,
wer Sonne hat, kann Sonne geben.

So viel Sterne am Himmel sprühen
unermesslich großer Zahl:
So viel Glück soll dir erblühen,
nach des Herzens eig'ner Wahl.

Drei Engel mögen dich begleiten
durch deine ganze Lebenszeit.
Und die drei Engel, die ich meine,
sind Liebe, Glück, Zufriedenheit.
Aus einem Poesiealbum 1971

Immer Sonnenschein und Freude
hält das Leben nicht bereit.
Doch ein frohes, tapf'res Herz,
zu bezwingen auch den Schmerz,
wünsch ich dir allezeit.
Aus einem Poesiealbum 1969

So viel Stern am Himmel stehn,
so viel Wolken drüber gehn,
so viel Fisch im Wasser schwimmen,
so viel Reh im Walde springen,
so viel Schwalben ziehn nach Süden,
so viel Glück sei dir beschieden!
Aus einem Poesiealbum 1971

Potz Blitz und viele Winde,
das wünsch ich dir geschwinde.
Viel Gold und Diamanten
und ein Dutzend reicher Tanten.
Aus einem Poesiealbum 1994

Ob Regen oder Sonnenschein,
ein Glückspilz sollst du immer sein.
Bleib gesund in alter Frische,
dann sind die Sorgen kleine Fische.
Aus einem Poesiealbum 1994

Sei immer fröhlich und heiter,
kein Leiden betrübe dein Herz!
Das Glück sei stets dein Begleiter,
nie treffe dich Kummer und Schmerz!

Hab ein Lied auf den Lippen
und verlier nie den Mut,
hab Sonne im Herzen,
und alles ist gut.
Aus einem Poesiealbum 1971

Platz für eigene oder gesammelte Verse

Es darf gelacht werden!

Seit den 70er Jahren finden sich vermehrt lustige Sprüche in den Poesiealben, die unterhaltsam und weniger belehrend sein sollen. Viele Sprüche sind von unbekannten Reimern, aber auch große Dichter wie Wilhelm Busch oder Eugen Roth eignen sich mit ihren humorigen Versen bestens fürs Poesiealbum. Manche Verse sind einfach lustiger Quatsch, aber oft enthalten sie – humorvoll verpackt – auch ein Körnchen Wahrheit.

Irrtümer haben ihren Wert,
jedoch nur hier und da.
Nicht jeder, der nach Indien fährt,
entdeckt Amerika.
Aus einem Poesiealbum 1971

Ein Nilpferd lag am Meeresstrand,
wusch sich den Bauch im weißen Sand.
Ach, wäre doch dein Herz so rein
wie dieses Nilpferdbäuchelein.
Aus einem Poesiealbum 1972

Wer durch des Argwohns Brille schaut,
sieht Raupen selbst im Sauerkraut.
Wilhelm Busch

Ich bin, wie ich bin,
drum nimm mich nur hin!
Willst einen Besseren besitzen,
so lass dir ihn schnitzen!
Johann Wolfgang von Goethe

In der Schule und im Leben,
sollst du stets dein Bestes geben,
doch dein Bestes gib nur nicht,
das behalte schön für dich.
Aus einem Poesiealbum 2000

Ein Mensch isst gerne Kuttelfleck.
Ein andrer graust sich – vor dem Dreck:
Die ganze Welt, das ist ihr Witz,
ist Frage nur des Appetits.
Eugen Roth

Lebe glücklich, lebe froh
wie der König Salomo,
der auf seinem Throne saß
und ein Stückchen Käse aß.
Lebe glücklich, werde alt,
bis die Welt in Stücke knallt.

Wenn du denkst, du denkst,
dann denkst du nur du denkst.
Denn das Denken der Gedanken
ist gedankenloses Denken.
Darum denke nie, du denkst,
denn wenn du denkst, du denkst,
dann denkst du nur du denkst.

Lebe glücklich, lebe heiter,
wie der Spatz am Blitzableiter!
Aus einem Poesiealbum 1976

Lebe glücklich, lebe froh,
wie der König Salomo,
der auf seinem Throne saß
und nur Gummibärchen fraß.
Aus einem Poesiealbum 1986

Viel schöner bist du, wenn du lachst,
als wenn du eine Schnute machst!

Unter der Mütze
ein bisschen Grütze
ist viel nütze.
Aber ein fröhliches Herz
unter der Weste
ist doch das Beste.
Aus einem Poesiealbum 1978

Hab Sonne im Herzen
und Zwiebeln im Bauch,
dann kannst du gut scherzen,
und Luft hast du auch.

Was du heute kannst besorgen,
das verschiebe ruhig auf morgen,
denn wenn du's heute schon getan,
fällt morgen gleich was Neues an.

Reden ist Silber,
Schweigen ist Pappe.
Sei munter und fröhlich
und halte die Klappe.
Aus einem Poesiealbum 1990

Platz für eigene oder gesammelte Verse

Die Geschichte des Poesiealbums lässt sich bis ins 16. Jahrhundert zurückverfolgen. Egal, ob es wie damals »Stammbuch«, später »Denkmal der Freundschaft« oder heute eben Poesiealbum genannt wird – es ist ein Buch zur Erinnerung an Menschen, die einem wichtig sind:

Tinte

SALZ

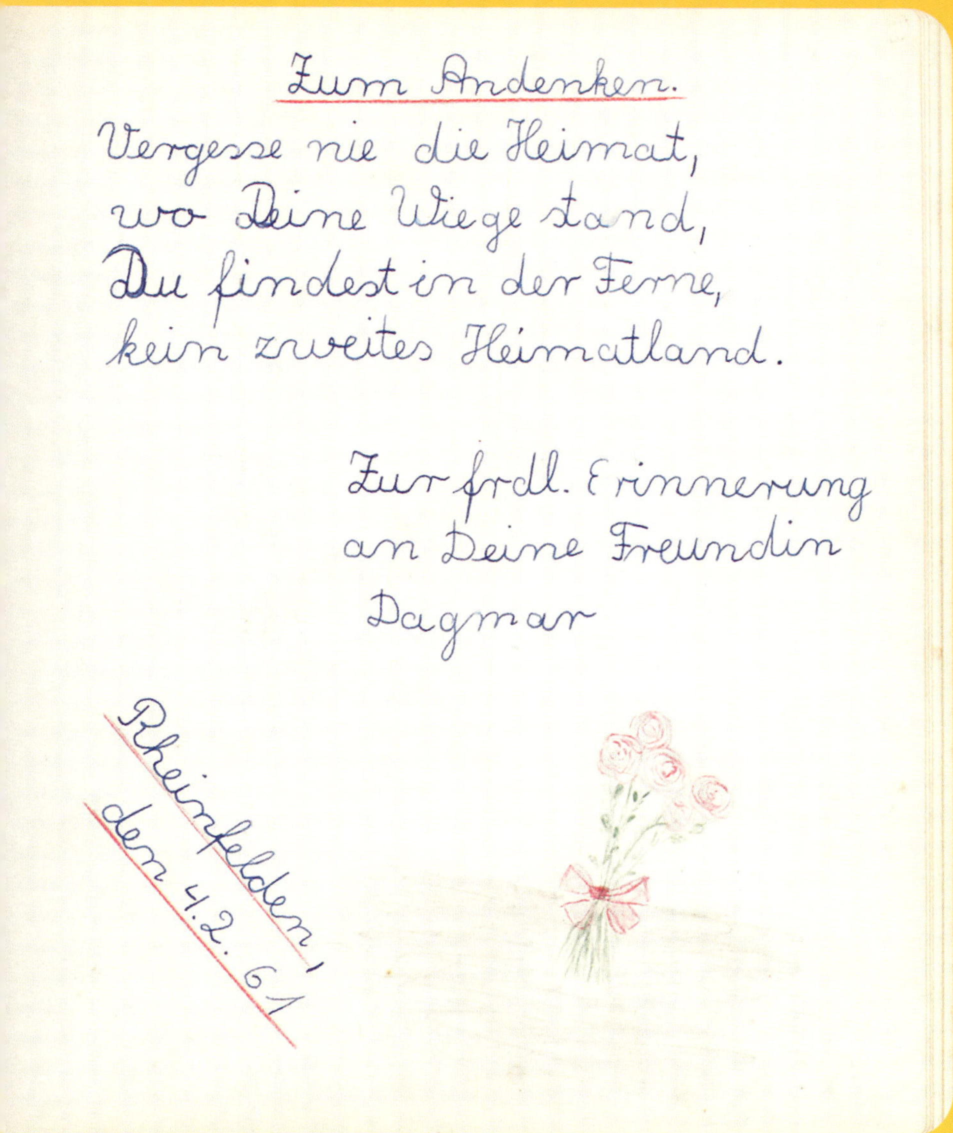

Zum Andenken.

Vergesse nie die Heimat,
wo Deine Wiege stand,
Du findest in der Ferne,
kein zweites Heimatland.

Zur frdl. Erinnerung
an Deine Freundin
Dagmar

Rheinfelden,
den 4.2.61

Verwandte, Freunde und Freundinnen, Nachbarn oder Lehrer. Die Themen sind Aussagen zum Menschsein, zum Leben, die Aufforderung zu Glaube, Pflicht und Tugend – aber vor allem ein in schöne Worte gekleidetes Bekenntnis, wie gerne man jemanden hat.

Ratschläge fürs Leben

Schon immer erschien den Menschen das Poesiealbum geeignet, um gute Ratschläge zu erteilen. Sie zeigen viel Lebenserfahrung, sind aber auch lustig und manchmal nicht ganz ernst zu nehmen. Auf jeden Fall lohnt es sich, ein bisschen über diese Verse nachzudenken.

Lerne, spare, leiste was,
dann kannste, haste, biste was!
Aus einem Poesiealbum 1979

Mit fröhlichen Sinnen
soll man beginnen.
Mit lustigen Sachen
lässt alles sich machen.
Aus einem Poesiealbum 1975

Sehr oft sucht man das Glück,
wie man seine Brille sucht,
die man auf der Nase hat.

Willst du beim Volk in Achtung stehn,
dein Maul muss wie ein Mühlwerk gehn.
Aus einem Poesiealbum 1977

Ene mene Tintenfaß,
geh in die Schul und lerne was.
Ene mene Sandbüchs,
bleib daheim, du kannst nix.

Ein Mensch, vom Glücke nur gestreift,
greift hastig zu, stürzt, wird geschleift,
kommt unters Rad, wird überfahren –
dergleichen kannst du dir ersparen,
wenn du nicht solche Wege gehst,
wo du dem Glück im Wege stehst.
Eugen Roth

Sei stets munter, lebe heiter,
küss die Jungen und so weiter,
denn schon die Apostel schrieben:
Du sollst deinen Nächsten lieben.
Aus einem Poesiealbum 1998

Sage nicht alles, was du weißt,
wisse aber immer, was du sagst.
Matthias Claudius

Eigensinn will immer durch die Wände,
wählt den Schädel statt der Hände.
Doch der wirklich kluge Kopf
reißt sich selbst zurück am Schopf
und tut alles mit Verstand,
statt zu rennen an die Wand.
Aus einem Poesiealbum 1976

Ernst bei der Arbeit,
heiter beim Spiel.
Immer frisch vorwärts,
so kommst du ans Ziel.

Willst du glücklich sein im Leben,
trage bei zu anderer Glück;
denn die Freude, die wir geben,
kehrt ins eigene Herz zurück.
Aus einem Poesiealbum 1950

Dass Reden Silber und Schweigen Gold,
dem Spruche wär ich nicht abgeneigt,
wenn man dabei nur bedenken wollt,
es ist nicht alles Gold, was schweigt.
Aus einem Poesiealbum 1978

Will das Glück nach seinem Sinn
dir was Gutes schenken,
sage Dank und nimm es hin
ohne viel Bedenken.
Jede Gabe sei begrüßt,
doch vor allen Dingen:
Das, worum du dich bemühst,
möge dir gelingen.
Wilhelm Busch

Nie verlerne so zu lachen
wie du jetzt lachst froh und frei,
denn ein Leben ohne Lachen
ist ein Frühling ohne Mai.

Was auch geschieht!
Was auch immer geschieht:
Nie dürft ihr so tief sinken,
von dem Kakao, durch den man euch zieht,
auch noch zu trinken!
Erich Kästner

Das Beste, das wir tun können,
ist Gutes tun, fröhlich sein
und die Spatzen pfeifen lassen.
Don Bosco

Erscheint dir etwas unerhört,
bist du im tiefsten Herzen empört,
bäume nicht auf, versuch's nicht mit Streit,
berühr es nicht, überlass es der Zeit.
Am ersten Tag wirst du feige dich schelten,
am zweiten lässt du dein Schweigen schon gelten,
am dritten hast du's überwunden;
alles ist wichtig nur für Stunden,
Ärger ist Zehrer und Lebensvergifter,
Zeit ist Balsam und Friedensstifter.
Theodor Fontane

Halte dir jeden Tag dreißig Minuten für deine Sorgen frei,
und in dieser Zeit mache ein Nickerchen.
Abraham Lincoln

(Namen einsetzen), lerne Menschen kennen,
denn sie sind veränderlich,
die sich heute Freunde nennen,
sprechen morgen über dich.

Wenn dir's in Kopf und Herzen schwirrt,
was willst du Bessres haben?
Wer nicht mehr liebt und nicht mehr irrt,
der lasse sich begraben!

Hoffe wenig – wirke viel,
das ist der kürzeste Weg zum Ziel.

Vergänglich ist all Ding auf Erd,
die Liebe nur bleibt unversehrt.
Da sei getrost, all Hass und Zwist,
nicht anders auch unvergänglich ist!

Sei immer froh und heiter
und mach kein trüb Gesicht.
Denn durch ein trübes Fenster
scheint Gottes Sonne nicht.
Aus einem Poesiealbum 1969

Willst du klug durchs Leben wandern,
prüfe andre, doch auch dich!
Jeder täuscht gar gern den andern,
doch am liebsten jeder sich.
Friedrich von Bodenstedt

Mach es wie die Sonnenuhr,
zähl die heitren Stunden nur.
Aus einem Poesiealbum 1972

Willst du das Leben recht verstehn,
musst du's nicht nur von vorn besehn.
Von vorn betrachtet sieht ein Haus
meist besser als von hinten aus.
Wilhelm Busch

Wer nicht gerne schleichen will,
der muss halt marschieren –
und wer was erreichen will,
muss auch was riskieren.

Baue nicht auf jeden!
Stütze dich nicht auf holde Reden!
Doch, wenn ein andrer dir vertraut,
zeig ihm, dass er auf Felsen baut!

Tanzen nachts in deinem Traum
überall die Geister,
dann bestreich vorm Schlafengehn
gleich dein Bett mit Kleister.
Oder schau – du hörst's nicht gern –
abends nicht zu lange fern.

Platz für eigene oder gesammelte Verse

Für Tierfreunde

Viele Kinder im Poesiealbumalter sind große Tierfreunde. Sie freuen sich sicherlich über einen Spruch zu allerlei Getier. Auch Jungs gefallen diese Sprüche meist besser als Verse rund um Freundschaft und Treue.

Lieb alle Tiere unbeschwert,
ich sage dir, sie sind es wert.
Und als Freundin rat ich dir,
wähl als besten Freund ein Tier.
Aus einem Poesiealbum 2000

Bis wir zuletzt uns nicht verhehlen:
Wir zählen auch zu den Kamelen.
Kamele gehen, wie ich höre,
durch Wüsten und durch Nadelöhre
und dienen selbstlos vielen Zwecken –
berühmt sind die Kamelhaardecken.
Eugen Roth

Das höchste Glück der Erde
liegt auf dem Rücken der Pferde.

Ein Seehund lag am Strand,
wusch sich die Schnauze im weißen Sand.
Oh, mag dein Herz so rein
wie diese Seehundschnauze sein.
Aus einem Poesiealbum 1978

Heiter wie ein Bienelein,
wie die Lerche froh,
grad so wie der Sonnenschein,
(Namen einsetzen), bleibe so.

Die Treue eines Hundes ist
wohl nicht zu übertreffen,
wer diese Eigenschaft vergisst
und ihn mit falscher Elle misst,
verdient, dass Hunde kläffen.
Aus einem Poesiealbum 2000

Gute Tiere, spricht der Weise,
musst du züchten, musst du kaufen,
doch die Ratten und die Mäuse,
kommen ganz von selbst gelaufen.
Wilhelm Busch

Aktuelle Albumverse II

Die Hühner fühlten sich plötzlich verpflichtet,
statt Eiern Apfeltörtchen zu legen.
Die Sache zerschlug sich. Und zwar weswegen?
Das Huhn ist auf Eier eingerichtet.
(So wurde schon manche Idee vernichtet.)
Erich Kästner

Mach es wie der Laubfrosch Otto,
welcher lebte nach dem Motto:
Von ganz oben auf der Leiter
sieht man alles froh und heiter.
Aus einem Poesiealbum 1999

Die Gämse auf der Gipfelhöh,
die kommt nie ins Tal.
Dem Tiger sind die Schmetterlinge
ebenfalls egal.
Kümm're dich um deine Dinge
zuallererst einmal.

Was macht die Biene Maja
auf dem Himalaja?
Sie saust umher genau wie du
und macht die Augen abends zu.

Eine kluge Eule spricht:
Alleskönner gibt es nicht!
Und es steht schon in den Sternen:
Man muss lernen, lernen, lernen.

Willst du Freude dir bereiten,
dann nimm einen Hund zu dir,
musst erziehen ihn und leiten,
dann wird er dich treu begleiten,
treuer ist er oft als wir.

Ist dein Zimmerchen nur klein,
und du bist nicht gern allein,
dann nimm dir ein Vögelein.
Zwitschern wird es, munter singen
und dir immer Freude bringen,
Fröhlichkeit zieht bei dir ein.

Sei munter und froh
wie der Mops im Zoo.

In meinem Herzen ist viel Platz
für allerlei Getier.
Ich liebe Pferde, Hund und Katz,
jedoch am meisten dir.

Der Hirsch springt hoch,
der Hirsch springt weit,
warum auch nicht –
er hat ja Zeit.

Wer fürchtet, dass die Biene sticht,
erntet auch den Honig nicht.
Aus einem Poesiealbum 1977

Platz für eigene oder gesammelte Verse

Berühmte Leute melden sich zu Wort

Ein Poesiealbum ohne Verse berühmter Dichter und anderer kluger Köpfe ist undenkbar. Die Dichtungen bieten eine Fülle passender Zitate für jeden Geschmack. Sie enthalten Volksweisheiten, die ihre Gültigkeit nie verlieren. Und es ist natürlich eine gute Gelegenheit, sich mit Klassikern vertraut zu machen. Was glaubst du, wie beeindruckt dein Deutschlehrer oder deine Großmutter ist, wenn du ganz nebenbei Goethe zitierst? Vielleicht kennst du auch den einen oder anderen Vers in abgewandelter Form. Dann wurde er für Poesiealben umgedichtet oder parodiert. Aber auch in den anderen Kapiteln findest du viele Verszitate mehr oder weniger berühmter Leute.

Wer ein schlechtes Gedächtnis hat,
spart sich viele Gewissensbisse
John Osborne

Nicht Wünschelruten,
nicht Alraune,
die beste Zauberei liegt
in der guten Laune.
Johann Wolfgang von Goethe

Wie es dir nicht im Leben ziemt,
musst du nach Ruhm auch nicht am Ende jagen;
denn bist du nur erst hundert Jahr berühmt,
so weiß kein Mensch mehr was von dir zu sagen.
Johann Wolfgang von Goethe

Es mangelt nie Gelegenheit, was Gutes zu verrichten;
es mangelt nie Gelegenheit, was Gutes zu vernichten.
Friedrich von Logau

Es gehört oft mehr Mut dazu,
seine Meinung zu ändern,
als ihr treu zu bleiben.
Friedrich Hebbel

Am Abend wird man klug
für den vergangenen Tag,
doch niemals klug genug
für den, der kommen mag.
Friedrich Rückert

Die Welt ist nicht aus Brei und Mus geschaffen,
deswegen haltet euch nicht wie Schlaraffen:
Harte Bissen gibt es zu kauen;
wir müssen erwürgen oder verdauen.

Johann Wolfgang von Goethe

Vom Unglück erst zieh ab die Schuld,
was übrig ist, trag in Geduld!

Theodor Storm

Wer sich an andre hält,
dem wankt die Welt,
wer auf sich selber ruht,
steht gut.

Paul Heyse

Die Freiheit des Menschen liegt nicht darin,
dass er tun kann, was er will,
sondern darin, das er nicht tun muss,
was er nicht will.

Jean-Jacques Rousseau

Das sind die Starken,
die unter Tränen lachen,
eigne Sorgen verbergen
und andre fröhlich machen.

Franz Grillparzer

Der einzige Weg, einen Freund zu finden,
ist der, selbst einer zu sein!

Ralph Waldo Emerson

Nichts amüsiert mich mehr,
als wenn ich über mich selbst lache.

Mark Twain

Es ist mit der Liebe wie mit den Pflanzen:
Wer Liebe ernten will, muss Liebe säen.

Jeremias Gotthelf

Allzeit fröhlich ist gefährlich,
allzeit traurig ist beschwerlich,
allzeit glücklich ist betrüglich,
eins ums andre ist vergnüglich.

Joseph von Radowitz

Ein kluger Entschluss reift unverhofft,
blitzschnell und ohne Erwägung –
doch Dummheiten machen wir allzu oft
nach reiflichster Überlegung.

Oscar Blumenthal

Jedoch! Was hilft uns die Moral?
Verstand kommt nicht vor Jahren!
Das, was man hört, begreift man nicht,
bis man es selbst erfahren!
Wilhelm Busch

Aufsteigend musst du dich bemühen,
doch ohne Mühe sinkest du.
Der liebe Gott muss immer ziehen,
dem Teufel fällt's von selber zu.
Wilhelm Busch

Weißt du, worin der Spaß des Lebens liegt?
Sei lustig! – Geht es nicht, so sei vergnügt.
Johann Wolfgang von Goethe

Man sieht nur mit dem Herzen gut.
Das Wesentliche ist für die Augen unsichtbar.
Antoine de Saint-Exupéry

Schön ist es, miteinander zu schweigen,
schöner, miteinander zu lachen.
Friedrich Nietzsche

Nur Geduld
Das Leben, das die meisten führen,
zeigt ihnen, bis sie's klar erkennen:
Man kann sich auch an offnen Türen
den Kopf einrennen!
Erich Kästner

Moral
Es gibt nichts Gutes
außer: Man tut es.
Erich Kästner

Platz für eigene oder gesammelte Verse

Sprüche für Schreibfaule

Gehörst du auch zu denen, die das Grauen packt, wenn sie nur von Ferne ein Poesiealbum sehen? Findest du es absolut überflüssig, auch nur ein Wort mehr als unbedingt nötig zu schreiben? Dann bist du in diesem Kapitel in jedem Fall richtig. Hier findest du kurze Verse, die aber dennoch genug sagen.

Weiß uns der Leser auch für unsre Kürze Dank?
Wohl kaum, denn Kürze wird durch Vielheit leider lang.
Gotthold Ephraim Lessing

Wer hofft, hat schon gesiegt
und siegt weiter.
Jean Paul

Rose, Tulpe, Schneckenhaus,
leider ist mein Vers schon aus.
Aus einem Poesiealbum 1994

Ich bin noch keine Sechs,
ich mache nur 'nen Klecks.

Lebe glücklich, werde alt,
bis die Welt in Stücke knallt.
Aus einem Freundschaftsbuch 1995

Den wahren Freund erkennt man in der Not.
Cicero

Ein Tröpflein Liebe ist mehr wert
als ein ganzer Sack von Gold!
Friedrich von Bodelschwingh

Ich wünsche dir Glück,
jeden Tag ein Stück.

Die Liebe ist der beste Lehrer.
Plinius d.J.

Andenken an das Gute
hält uns immer frisch bei Mute.
Johann Wolfgang von Goethe

Ich schreibe nicht viel,
nur ein zierlich Gedicht,
und dieses heißt:
»Gott schütze dich.«

Ich habe dich zum Fressen gern,
du schmeckst wie Nuss- und Mandelkern.

Das Glück ist eine blinde Kuh
und läuft dem dümmsten Ochsen zu.

Ohne Pflaster, ohne Flick
führt selten noch ein Weg ins Glück.

Kurz und gut, mein Wunsch ist klein:
Du mögest reich und glücklich sein!
Aus einem Poesiealbum 1979

Nehmen und Geben
bringen Sonne ins Leben.

Hau dem Fass den Boden aus
und mach dir ein Kanu draus.

Rosen, Tulpen, Gummibärchen –
ich wünsche dir noch viele Jährchen Glück!

Ich setz ins Ohr dir einen Floh,
damit du's weißt:
Ich mag dich so!

Rote Lippen, roter Mund,
liebe(r) (Namen einsetzen), bleib gesund.
Aus einem Poesiealbum 1975

Bemüh dich nur und sei hübsch froh,
der Ärger kommt schon sowieso.
Wilhelm Busch

Wer nichts getragen, lernt nichts ertragen.
Jean Paul

Was du nicht willst, das man dir tu,
das füg auch keinem andern zu!
Gottfried Keller

Haste was, biste was!

Carpe diem! Nutze den Tag.
Horaz

Sei von Herzen froh!
Das ist das A und O!

Liebe(r) (Namen einsetzen), kein langes Gedicht,
ich schreibe ganz einfach: Vergissmeinnicht.
Aus einem Poesiealbum 1978

Platz für eigene oder gesammelte Verse

Daran gibt's nichts zu rütteln

Es gibt Verse, die sagen klipp und klar, was Sache ist. Ob heute oder vor 100 Jahren, ob ernst oder heiter, diese Sprüche sind von immer währender Gültigkeit. Noch deine Urenkel können sie aus deinem Poesiealbum abschreiben und treffen des Pudels Kern.

Ohne Blumen, ohne Träume,
ohne schöne Purzelbäume,
ohne Käse, ohne Speck,
hat das Leben keinen Zweck.
Aus einem Poesiealbum 1996

Kein Mensch kann auf deinem Buckel reiten,
wenn du ihn nicht krumm machst.
Martin Luther King

Ein Mensch sagt und ist stolz darauf,
er geht in seinen Pflichten auf,
doch bald darauf, nicht ganz so munter,
geht er in seinen Pflichten unter.

Das Gute, dieser Satz steht fest,
ist stets das Böse, was man lässt!
Wilhelm Busch

Klug zu reden, ist oft schwer,
klug zu schweigen noch viel mehr.
Aus einem Poesiealbum 1975

Fortuna lächelt, doch sie mag
nur ungern voll beglücken.
Schenkt sie uns einen Sommertag,
so schenkt sie uns auch Mücken.
Wilhelm Busch

Ein jeder kriegt, ein jeder nimmt
in dieser Welt, was ihm bestimmt.
Wilhelm Busch

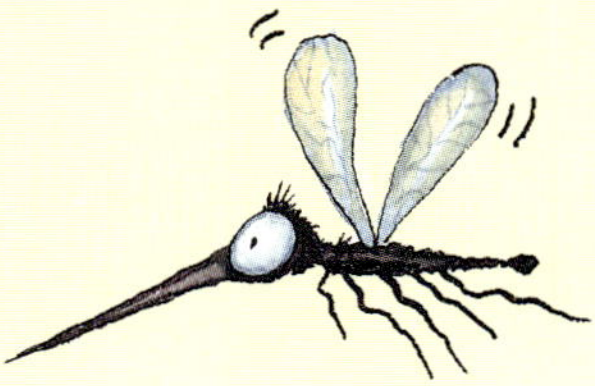

Was die Menschen gemeiniglich ihr Schicksal nennen,
sind meistens nur ihre eigenen dummen Streiche.
Arthur Schopenhauer

Wer gegen den Wind durch die Gegend geht,
dass der Sturm allen Ärger aus ihm weht,
kehrt aus dem Gezerr und Gebrüll und Gebraus
leichter und freier und froher nach Haus.
Aus einem Poesiealbum 1994

Und scheint die Sonne noch so schön,
am Ende muss sie untergehn.
Heinrich Heine

Wer zu spät kommt,
den bestraft das Leben.
Michail Gorbatschow

Zufrieden sein ist große Kunst,
zufrieden scheinen bloßer Dunst,
zufrieden werden großes Glück,
zufrieden bleiben Meisterstück.
Aus einem Posiealbum 1973

Wende dein Gesicht der Sonne zu,
dann fallen die Schatten hinter dich.
Afrikanisches Sprichwort

Platz für eigene oder gesammelte Verse

Verse, die Großmutter liebte

Auch heute noch finden sich in Poesiealben Verse, die seit Generationen beliebt sind. Da werden alte Tugenden heraufbeschworen, auf die schon die Urgroßeltern gepocht haben. Als Kind versteht man oft noch gar nicht den Sinn, erst im Erwachsenenalter begreift man plötzlich die geschriebenen Erinnerungen. Manche Sprüche wirken etwas unzeitgemäß, und doch sind sie heute wie vor 100 Jahren fester Bestandteil der Poesiealben. Und für deine Mutter und Oma ist das Nachlesen dieser Reime bestimmt eine wunderschöne Erinnerung an die eigene Kindheit.

Vergiss niemals die Heimat,
wo deine Wiege stand,
du findest in der Ferne
kein zweites Heimatland.

Alle Menschen sollst du lieben,
ob sie arm sind oder reich,
keinen kränken und betrüben,
denn bei Gott sind alle gleich.

Es ist ein tiefer Segen,
der aus dem Worte spricht:
»Erfülle allerwegen
getreulich deine Pflicht.«

Zage nicht in Last und Leid,
nimm dein Herz fest in die Hände,
dass es Halt und Ruhe fände.
Kurz nur ist die Erdenzeit,
unser Ziel heißt Ewigkeit.

Halte treu zu deinen Eltern,
später wird es dir noch klar,
dass in deinem Elternhause
doch die schönste Heimat war.

Sei wie das Veilchen im Moose,
sittsam, bescheiden und rein,
und nicht wie die stolze Rose,
die immer bewundert will sein.
Aus einem Poesiealbum 1935

Sage nie »Das kann ich nicht!«
Vieles kannst du, will's die Pflicht.
Schweres kannst du, will's die Liebe,
darum dich im Schwersten übe.
Schweres fordert Lieb und Pflicht,
drum sage nie: »Das kann ich nicht!«
Aus einem Poesiealbum 1931

Edel sei der Mensch,
hilfreich und gut.
Johann Wolfgang von Goethe

Richte nie den Wert des Menschen
schnell nach einer kurzen Stunde.
Oben sind bewegte Wellen,
doch die Perle liegt am Grunde.

Vater ehren, Mutter lieben,
das ist deine Pflicht,
aber beide zu betrügen,
das versuch dein Lebtag nicht.

Rein wie die Quelle,
klar wie der Bach
fließe dein Leben ohn Ungemach.

Müde ging ich auf rauem Steg,
da kroch ein Käfer mir grad in den Weg;
zertretend wollt ich den Tod ihm geben:
da dacht ich an dich und trat daneben.
Aus einem Poesiealbum 1928

Schläft ein Lied in allen Dingen,
die da träumen fort und fort,
und die Welt hebt an zu singen,
triffst du nur das Zauberwort.
Joseph Freiherr von Eichendorff

Auf allen deinen Wegen
sei sittsam, gut und rein,
so bist du deinen Eltern
der schönste Edelstein.

Was tut wohl nicht die Jugend doch,
was ihr verboten, freut sie hoch.

Vaterliebe baut das Haus,
Mutterliebe schmückt es aus,
Kinderliebe alle Zeit
leuchtet hell als Dankbarkeit.

Wenn du noch eine Mutter hast,
so danke Gott und sei zufrieden,
denn nicht allen auf dem Erdengrund,
ist dieses große Glück beschieden.

Wer sich des Brotes freuen will,
muss guten Teig sich kneten.
Wer sich des Gartens freuen will,
der muss das Unkraut jäten.
Wer sich des Lebens freuen will,
muss arbeiten und beten.

Mach Gehorsam dir zu eigen,
folge gern der Eltern Wort,
lerne reden, lerne schweigen,
aber stets am rechten Ort.
Gegen Alte sei bescheiden,
gegen Junge freundlich hold,
alles Böse lerne meiden,
glaube, das ist mehr als Gold.

Mit Gottes Hilfe

Stopp! Blätter doch nicht gleich weiter! Sicher glaubst du, in diesem Kapitel stehen nur fromme Sprüche aus Uromas Mottenkiste. Fang erstmal an zu lesen. Sicher sind einige Verse schon sehr alt, wie viele andere in diesem Buch auch; und genau wie diese sind sie trotzdem noch aktuell. Schon immer hatten Poesiealbumverse Gott und einen unerschütterlichen Glauben zum Inhalt. Sie sollen Trost spenden, Mut machen und helfen, den richtigen Lebensweg zu finden. Und das ist auch heute noch so.

Vom Kaiser bis zum Bettelmann
keiner das Salz entbehren kann.
Der Bäcker bäckt ohne Salz kein Brot,
ohne Salz wir müssten leiden große Not.
Gott, gib auch du mit gütiger Hand
ein Körnlein Salz in den Verstand.

Aus einem Poesiealbum 1979

Üb immer Treu und Redlichkeit
bis an dein kühles Grab,
und weiche keinen Finger breit
von Gottes Wegen ab.

Aus einem Poesiealbum 1929

Der Gott, der dich bei Tag bewacht,
ist auch dein Hüter in der Nacht.

Wenn alle Sternlein dich verlassen,
wenn Welt und Menschen spotten dein,
auf zwei kannst du dich fest verlassen:
auf Gott und auf dein Mütterlein.

Aus einem Poesiealbum 1968

Wenn du willst gerade,
und Gott will krumm,
so denk, Gott ist weise,
und ich bin dumm.

Aus einem Poesiealbum 1977

Genieße, was dir Gott beschieden,
entbehre gern, was du nicht hast.
Ein jeder Stand hat seinen Frieden,
ein jeder Stand hat seine Last.

Christian Fürchtegott Gellert

Gott gab uns nur einen Mund,
weil zwei Münder ungesund.
Mit dem einen Munde schon
schwatzt zu viel der Erdensohn.
Hat er jetzt ein Maul voll Brei,
muss er schweigen unterdessen;
hätte er der Mäuler zwei,
löge er sogar beim Fressen.

Heinrich Heine

Höre nicht, was Menschen sagen,
tue ruhig deine Pflicht,
Gott wird nicht die Menschen fragen,
wenn er dir das Urteil spricht.

Nimm freudig hin,
was Gott dir gibt,
er prüft die Menschen,
die er liebt.

Gott achtet dich,
wenn du arbeitest.
Aber er liebt dich,
wenn du singst.

Bringe deine Lebenstage
glücklich, froh und heiter zu,
dass, wenn Gott einst nach dir frage:
»Liebe(r) (Namen einsetzen), wo bist du?«
Dann spring hurtig her und sprich:
»Lieber Heiland, da bin ich.«

Des Morgens früh, des Abends spat:
Sei stets vergnügt nach Gottes Rat.
Aus einem Poesiealbum 1977

Platz für eigene oder gesammelte Verse

Blumige Verse

Rosen und Vergissmeinnicht sind bis heute die unschlagbaren Stars im Blumenbeet der Poesiealbumverse. Es wird wohl kein Poesiealbum geben, wo sie nicht blühen. Besonders schön ist es, wenn du die Blumenverse mit passenden Glanzbildern verzierst.

Die Blumen, die da sprießen
in Garten, Wald und Feld,
sie mögen all dich grüßen
und schmücken deine Welt.
Aus einem Poesiealbum 1979

Es blüht ein schönes Blümchen
auf unserer grünen Au,
sein Aug ist wie der Himmel,
so heiter und so blau.
Es weiß nicht viel zu reden,
und alles, was es spricht,
ist immer nur das eine,
ist nur: Vergiss mein nicht!
Hoffmann von Fallersleben

Welken muss die schönste Blume,
auch wenn deine Hand sie bricht.
Doch die Blume wahrer Freundschaft
welke ewig, ewig nicht.
Aus einem Poesiealbum 1975

Mit Rosen sei dein Weg geziert,
der dich durchs ganze Leben führt.
Aus einem Poesiealbum 1969

Ein Mensch bedenkt mit bittrem Zorn,
dass keine Rose ohne Dorn.
Doch muss ihn doch viel mehr erbosen,
dass sehr viel Dornen ohne Rosen.
Eugen Roth

Wandle durch den Frühling,
pflück die Blumen rings umher,
lustig sing dazu ein Liedchen:
»Schön ist die Jugend,
sie kommt nicht mehr.«
Aus einem Poesiealbum 1971

Der Rose süßer Duft genügt,
man braucht sie nicht zu brechen.
Und wer sich mit dem Duft begnügt,
den wird ihr Dorn nicht stechen.
Friedrich von Bodenstedt

Unter Buchen, unter Linden,
wirst du einst ein Blümlein finden,
welches leise zu dir spricht:
»Lebe wohl, vergiss mein nicht.«
Aus einem Poesiealbum 1975

So wie die Rosen blühen,
so blühe auch dein Glück.
Und wenn du Rosen siehst,
so denk an mich zurück.
Aus einem Poesiealbum 1976

Über Rosen lässt sich dichten,
in die Äpfel muss man beißen.
Johann Wolfgang von Goethe

Das Veilchen am Bache,
das Röslein am Strauch,
sind alle zwei herzig
und du bist es auch.

Kennst du das Blümlein
am moosigen Quell?
Es leuchtet in deinem Leben so hell.
Blau ist die Farbe,
strahlend sein Licht,
die Freundschaft nennt es
Vergissmeinnicht.

Lieber reife Haselnüsse
als die nassen Tantenküsse
und noch viel, viel mehr
wünsch ich dir so sehr.

Freundschaft ist die schönste Blume,
sie verblüht, verwelket nie,
viele suchen sie zu pflücken,
doch nur wen'ge finden sie.

Leg dich auf 'ne Sommerwiese,
lass die Füße baumeln,
und vom Glück dann ganz betrunken
wird die Seele taumeln.

Platz für eigene oder gesammelte Verse

Verse für die letzte Seite

Hältst du dich nicht gern an vorgegebene Reihenfolgen? Dann brich aus und schreib auf die letzte Seite. Mit dem passenden Vers nimmt dir das auch die ordentlichste Albumbesitzerin nicht übel.

Ich schreib mich hinten in dein Büchlein rein,
dann wird noch recht viel Platz vorhanden sein.
Aus einem Poesiealbum 1974

Ich steh hier als Letzte,
ich nehm es nicht krumm
und sage dir heiter,
sei doch niemals dumm,
sich ärgern und sorgen
das bringt doch nichts ein,
das Leben geht weiter,
stets froh sollst du sein.

Dieses Büchlein voll mit Sprüchen,
leg's nicht weg, halt es bereit
als Erinnerung an die Freunde
aus der schönen Jugendzeit.
Rotraud Bohlmann

Ich hab mich hinten angewurzelt,
dass niemand aus dem Album purzelt.

Hier auf dieser letzten Seite
will ich stehen ganz allein,
will im Album sein die (oder der) Letzte,
will zuletzt vergessen sein.
Aus einem Poesiealbum 1979

Auf die letzte Seite schreib ich jetzt,
weil mein Schreiben niemand schätzt.
Doch du sollst wissen, dass ich dich
für immer liebe inniglich.

Kann ich nicht die Erste sein,
schreib ich mich als Letzte ein.

Ich sitze da und denk an dich,
geschrieben hab ich keinen Strich,
ich denk an dich und sitz nur da,
das Blatt bleibt leer – oder fast beinah.

Die Poesie auf allen Seiten
soll dich, dem sie gehört, begleiten,
und dich erfreuen immerdar
und dran erinnern, wie's mal war.
Aus einem Poesiealbum 1997

Über die Herausgeberin

Beate Volmari lebt und arbeitet in Baden-Württemberg. Die Kunsthistorikerin und Mutter zweier Kinder hat sich auf die Kunst- und Kulturgeschichte des 19. Jahrhunderts, Brauchtum und alte Kinderspiele spezialisiert. Beim Südwest Verlag erschienen von ihr »Die Hochzeit planen. So wird es ein tolles Fest«, »Blindekuh & Schattenfangen. Die schönsten Lauf-, Fang- und Versteckspiele« sowie »Teddybär & Hinkelstein. Die schönsten Hüpf- und Murmelspiele«.

Hinweis

Das vorliegende Buch ist sorgfältig erarbeitet worden. Dennoch erfolgen alle Angaben ohne Gewähr. Weder Herausgeberin noch Verlag können für eventuelle Fehler oder Schäden, die aus den im Buch gegebenen praktischen Hinweisen resultieren, eine Haftung übernehmen.

Herausgeberin und Verlag danken den Verlagen für die Abdruckgenehmigung.

Quellenverzeichnis

Gedichte von Eugen Roth aus: Ein Mensch, © Carl Hanser Verlag, München

Gedichte von Erich Kästner aus: Gesang zwischen den Stühlen; Kurz und bündig © Atrium Verlag, Zürich und Thomas Kästner

Gedichte von Heinz Erhardt aus: Das große Heinz Erhardt Buch, © Fackelträger Verlag, Oldenburg

Ausspruch von Antoine de Saint-Exupéry aus: Der kleine Prinz, © Karl Rauch Verlag, Düsseldorf

Impressum

Illustrationen: Andrea Hoyer
Redaktion: Elisabeth Hammerl
Projektleitung: Sylvia Wohofsky
Redaktionsleitung: Nina Andres
Umschlag und Layout: Manuela Hutschenreiter
DTP/Satz: AVAK Publikationsdesign, München
Produktion: Manfred Metzger (Leitung), Annette Aatz

Printed in Slovakia

Gedruckt auf chlor- und säurearmem Papier

ISBN 3-517-06321-5